Ojos de animales

Dona Herweck Rice

Asesor

Timothy Rasinski, Ph.D.
Kent State University

Créditos

Dona Herweck Rice, *Gerente de redacción*

Robin Erickson, *Directora de diseño y producción*

Lee Aucoin, *Directora creativa*

Conni Medina, M.A.Ed., *Directora editorial*

Rosie Orozco-Robles, *Editora asociada de educación*

Don Tran, *Diseñador*

Stephanie Reid, *Editora de fotos*

Rachelle Cracchiolo, M.S.Ed., *Editora comercial*

Créditos de las imágenes

Cover Daniel Rajszczak/Shutterstock; p.3 Tom C Amon/Shutterstock; p.4 Rob Hainer/Shutterstock, VitalyTitov & Maria Sidelnikova /Shutterstock; p.5 Mars Evis/Shutterstock;p.6 Debbie Oetgen/Shutterstock, Luxe /Shutterstock; p.7 Joe West/Shutterstock;p.8 Jacqueline Abromeit/Shutterstock, Vitaly Titov & Maria Sidelnikova/Shutterstock;p.9 Alexandru Axon/Shutterstock p.10 Tramper/Shutterstock; p.11 szefei/Shutterstock;back cover Rob Hainer/Shutterstock

Basado en los escritos de *TIME For Kids*.

Teacher Created Materials

5301 Oceanus Drive
Huntington Beach, CA 92649-1030
http://www.tcmpub.com

ISBN 978-1-4333-4417-6

© 2012 Teacher Created Materials, Inc.
Printed in China WAI002

¡Ojos te están mirando!

Ojos están por todas partes.

Están en el aire.
Están en la tierra.

También están en el agua.

Ojos miran.
Ojos guiñan.
¡Ojos parpadean!

Unos ojos ven en lo oscuro.

Ojos pueden
ser grandes o
pequeños.

Ojos pueden ser
anchos o delgados.

¡Unos ojos tienen
una forma extraña!

Casi todos los animales tienen ojos. Pero algunos animales no los usan.

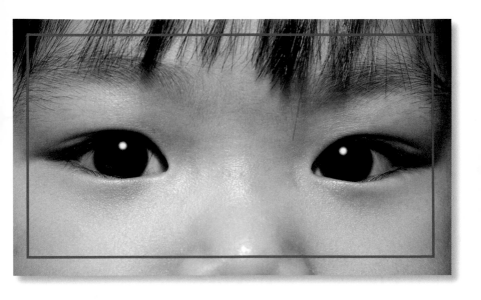

¿De quién son estos ojos?

Palabras para aprender

agua	guiñan	pueden
aire	la	quién
algunos	lo	ser
anchos	los	son
animales	miran	también
casi	mirando	te
de	no	tienen
delgados	o	tierra
el	ojos	todas
en	oscuro	todos
están	parpadean	una
estos	partes	unos
extraña	pequeños	usan
forma	pero	ven
grandes	por	